DISCOURS

SUR

L'EXPOSITION PUBLIQUE

DES PRODUCTIONS DES ARTS

DU DÉPARTEMENT DU CALVADOS,

A N 1806,

PAR PIERRE-AIMÉ LAIR,

Secrétaire de la Société d'Agriculture et de Commerce, et Membre de l'Académie de Caen, correspondant des Sociétés Philomatique de Paris et d'encouragement pour l'industrie nationale, Associé des Académies de Rouen, d'Alençon, de Metz, etc.

Da veniam scriptis quorum non gloria nobis causa, sed utilitas officiumque fuit.

A CAEN,

De l'imprimerie de F. POISSON,

1806.

DISCOURS

PRONONCÉ A LA SÉANCE PUBLIQUE

TENUE LE 25 AVRIL

PAR LA SOCIÉTÉ D'AGRICULTURE

ET DE COMMERCE DE CAEN,

Pour la seconde exposition des productions des arts du département du Calvados.

MESSIEURS,

C'EST pour la seconde fois que faisant un appel général à tous les genres d'industrie et à tous les talens, nous avons rassemblé dans cette enceinte les productions des arts de notre département; c'est pour la seconde fois que des chefs-d'œuvres nouveaux, présentés par les fabricans et les artistes du Calvados, nous mettent à portée de leur rendre de nouveaux hommages, et de couronner leurs efforts.

Mais s'il avait d'abord paru hardi de tenter une première exposition, il semblait téméraire d'en hasarder encore une autre. Différens essais de ce

A 2

genre, faits dans plusieurs parties de la france, n'a-
vaient point réussi. Cependant, sans être arrêté par
les obstacles, nous avons pénétré dans les ateliers,
nous avons parcouru les manufactures; nous avons
parlé le langage du bien public et nous n'avons
point parlé envain. La dépense, les soins, les sa-
crifices de toutes espèces; rien n'a coûté aux fabricans et aux artistes pour répondre à nos désirs.

Au reste, Messieurs, en adoptant l'idée d'une
exposition publique, nous n'avions pas eu pour
but de faire un vain étalage de nos richesses in-
dustrielles, et de satisfaire une curiosité stérile;
nous désirions rendre hommage aux manufactu-
riers qui se distinguent chacun dans leur partie,
et fixer l'attention sur les hommes de mérite qui
restent ensevelis dans l'obscurité ou languissent
dans le découragement, soit par modestie, soit
parce qu'ils manquent d'occasion de se faire con-
naître. Nous voulions produire au grand jour le
talent ignoré; le faire naître dans les uns; le dé-
velopper dans les autres, et les animer tous de cette
noble rivalité, mobile des grandes choses.

Sous ce rapport, la première exposition du département a produit les heureux effets que nous
attendions. L'émulation est devenue générale; et
le tableau de notre industrie, en présentant l'état
de ce qui était fait, nous a montré ce qui restait

à faire. Si nous nous en servons aujourd'hui comme de terme de comparaison pour juger des progrès de nos manufactures , que d'améliorations nous sommes à portée d'appercevoir ! A peine trois années se sont écoulées, que les anciennes fabriques ont éprouvé les changemens les plus heureux. D'autres, récemment établies, sont venues aussi nous enrichir de leurs productions naissantes.

Quoique le Calvados ne forme qu'une petite portion de la France, et quoique ses habitans soient plus livrés à l'agriculture qu'au commerce, il nous a présenté assez de ressource pour ne pas laisser reparaître les objets précédemment exposés. Si nous en avons admis de nouveau quelques-uns , ç'a été pour attirer d'une manière particulière les regards de nos concitoyens sur des choses utiles sous le rapport de l'art ou de la localité , et qui avaient d'abord peu fixé l'attention. Si des productions moins intéressantes ont paru ici, nous vous prions de ne point les juger avec trop de rigueur, en pensant qu'elles peuvent un jour , par l'effet du temps et des circonstances, présenter d'heureux résultats.

On se méprendrait, d'ailleurs , sur les moyens de faire prospérer le commerce , en n'exigeant

A 3

que des ouvrages dont le mérite consiste souvent dans la seule difficulté vaincue. Des étoffes communes, telles que le froc et la tirtaine, fabriquées soigneusement avec les laines du pays, sont, sans doute, préférables aux productions les plus rares qui resteraient dans l'atelier du fabricant. Aussi, n'avons-nous dédaigné aucuns des ouvrages ordinaires, et usuels. On a pu même observer que nous nous sommes attachés à placer les objets d'une faible valeur à côté de ceux qui semblaient en avoir beaucoup. Notre intention n'était pas seulement de frapper les regards par des contrastes, mais de présenter des ouvrages dont l'emploi était le même, quoique d'un prix différent. A côté de la porcelaine, destinée à décorer la maison de l'homme opulent, vous avez remarqué la poterie à l'usage de la classe peu aisée; près des bijoux les plus précieux dont se parent les femmes de la ville se trouvent les ornemens fabriqués à Anctoville et que portent les femmes de la campagne.

Comme vous le voyez, Messieurs, nous avons voulu encourager l'industrie dans toutes ses branches; mais nous nous sommes particulièrement attachés dans la distribution des médailles, aux productions d'un débouché plus facile pour le fabricant, et plus avantageux pour le département. Ce principe une fois adopté, nous avons consulté les commerçans les plus instruits chacun dans leur partie, parmi ceux qui ne sont point membres de la société. Ils ont formé une espèce de tribunal tout-à-la-fois éclairé, sévère et impartial. Comme les ouvrages ont été exposés pendant plusieurs jours, tous nos concitoyens pourront eux-mêmes aujourd'hui juger les juges, et se convaincre, chacun selon ses lumières, de leur intégrité. Nous le disons avec confiance, organes de l'opinion publique, nous allons donner les médailles aux fabricans qui en sont les plus dignes. La société a voulu qu'elles fussent en petit nombre, afin qu'on y attachât plus de prix. En prodiguant les honneurs, au lieu d'exciter l'émulation, on la détruit. Mais si nous récompensons les succès des uns, nous applaudissons aussi aux efforts des autres. Que ceux qui n'obtiendront point l'avantage sur leurs rivaux, au lieu de se livrer au découragement, se préparent pour un autre concours.

Nous avons remarqué, Messieurs, avec un bien vif plaisir, que ce salon des arts a, pendant les neuf jours de l'exposition, attiré une foule de spectateurs. La curiosité avait un motif aussi naturel que louable. Quel aspect plus flatteur et plus intéressant que celui de toutes les productions des arts, présentées sous un seul point de vue. Les unes sont remarquables par leur importance, les autres par leur beauté ; celles-ci par la perfection du travail, celles-là par la nouveauté des procédés. : Toutes servent à prouver combien l'homme est ingénieux ; et c'est dans cette circonstance que, selon le désir d'un sage, l'utile et l'agréable se trouvent à la fois réunis.

L'étude des sciences offre sans doute de grands charmes, la littérature présente de puissans attraits, mais les arts libéraux et industriels, en parlant directement aux sens, ont, pour la plupart des hommes, quelque chose de plus séduisant.

Quel intérêt n'inspire pas la peinture, dont nous avons sous les yeux de si beaux modèles ! Elle sert à honorer la divinité, à célébrer les belles actions, à conserver les traits chéris d'une mère et d'une épouse ; en flattant les yeux, elle parle souvent au cœur et à l'esprit.

Les arts industriels sont moins brillans, il est vrai, mais ils ont un but plus direct d'utilité. L'homme sensible qui s'est promené sous ces portiques, ne se bornant point à un coup-d'œil vague et indifférent, doit avoir été bien agréablement ému, en pensant que tous les objets d'industrie qu'ils renferment, servent non-seulement à satisfaire les besoins, l'aisance et le luxe, mais encore à faire vivre la classe nombreuse des artisans : C'est ainsi que le riche se trouve rapproché du pauvre, le consommateur du fabricant, et ce rapprochement tend à la grande harmonie sociale.

Pourrait-on, d'ailleurs, se défendre d'un certain sentiment d'admiration, en considérant ces tissus délicats de la dentelle, ces réseaux artistement arrangés, qui, sous la main d'une nouvelle Arachné, prennent mille formes aussi variées qu'agréables !

Pourrait-on voir avec indifférence ces broderies faites sous les yeux d'une mère par le modèle de la piété filiale, ou par cette tendre épouse qui, en serrant les nœuds de son ouvrage, semblait resserrer les liens de l'hymen, et en traçant des fleurs sur ce cannevas, retraçait l'emblême du bonheur conjugal ! Avec quel tendre intérêt ne remarquez-vous pas les essais de ces jeunes personnes, dont les mains encore faibles peuvent à peine conduire l'aiguille et que dirigent des femmes respectables vouées à leur éducation !

Dans une autre partie de la salle, vous appercevez des mousselines et des nankins qui semblent

égaler les beaux ouvrages de l'Inde , et des bassins
qui ne diffèrent point de ceux de l'Angleterre ; et
des toiles de Crétonne que le commerce transporte
au loin.

Ces échantillons de laine , remarquables par leur
beauté , sont le produit des troupeaux de race es-
pagnole , que des propriétaires estimables s'atta-
chent à multiplier dans nos campagnes.

Ici l'art du lapidaire a enrichi l'empire des
modes des ornemens destinés à la parure des
femmes ; là des meubles précieux , plutôt encore
par l'ouvrage et le fini du travail que par la matière ,
rappellent les belles proportions de l'antique. Plus
loin , l'art du tourneur a su en se jouant donner
un grand prix à un simple morceau de bois ou
d'ivoire. Ailleurs , le marbre semble avoir fléchi
sous le tranchant du ciseau et s'être embelli sous
la touche moelleuse du sculpteur. A la délicatesse
des ornemens de cette cheminée , vous diriez qu'il
a perdu sa dureté.

Près des papiers employés à tapisser les apparte-
mens , se trouve le papier destiné à conserver les
marchandises dans de longs voyages et celui qui , à
l'aide de l'impression et de l'écriture , devient le dé-
positaire de la pensée de l'homme. Vous remarquez
aussi ce papier fait avec la paille , propre à diffé-

rens usages et même à l'impression : ainsi l'art semble métamorphoser tout à son gré et la matière la plus vile et la plus susceptible d'une facile destruction peut servir à immortaliser les héros.

Sur ces tablettes sont placés des vases de porcelaine qui, sous la main agile de l'ouvrier, ont pris les formes les plus élégantes et semblent vous attirer involontairement par les accessoires agréables que la peinture a su y ajouter.

Ces verres de cristal, dont la transparence est relevée par l'éclat de l'or qu'un artiste connu est parvenu à fixer, réclament également vos suffrages.

Observez ces beaux échantillons de couperose et d'alun, aussi utiles dans la teinture qu'agréables à la vue.

Si vous tournez d'un autre côté vos regards, ce sont des ouvrages de bonneterie, parfaits dans leur genre et travaillés sur le métier dont les Anglais se sont attribués injustement l'invention que nous devons à un simple serrurier né dans la basse Normandie. (*)

Sous cette arcade sont déposés des cuirs de différentes espèces, qui n'offrent rien de séduisant à l'œil, mais dont nous fesons une si grande consommation. Quel parti, d'ailleurs, n'en a-t-on point tiré pour ces beaux ouvrages de sellerie, entre lesquels il est si difficile de fixer son choix.

Parmi tant d'objets, vous distinguez des horloges qui présentent toutes les divisions du temps, et cette balance d'essai, destinée par sa précision à peser les matières les plus précieuses, et ces limes qui contribueront à nous affranchir du tribut que nous payons depuis trop long-temps à l'Allemagne et à l'Angleterre.

Les fleurs et les arbustes qui flattent si agréablement votre vue, la jonquille, les sémis *d'épreuves*, les anémones nuancées de mille couleurs, sont moins ici comme ornement que comme objets de commerce, recherchés même par les fleuristes de Harlem, de Lisbonne et de Constantinople.

Enfin, à côté de l'utile instrument de la charrue, si simple et si parfait tout-à-la-fois, vous distinguez ces instrumens de musique, qui contribuent à délasser l'homme de ses travaux et à charmer ses loisirs.

Combien d'autres ouvrages précieux et variés renferme ce dépôt des arts, et dans quels détails il faudrait entrer pour les passer tous en revue!

Si je reporte ensuite mes regards sur les personnes qui composent cette brillante assemblée, quel spectacle plus imposant! la présence de tous les corps les plus distingués de cette ville et du département, le concours nombreux de commerçans instruits, d'artistes habiles, l'affluence d'amateurs zélés, de critiques judicieux et de citoyens de toutes les classes, contribuent à jeter le plus vif éclat sur cette cérémonie : L'administrateur et le militaire, l'homme de lettres et l'homme du monde se sont empressés de prendre part à cette fête commune, et tous les sentimens se trouvent confondus en un seul, l'amour du bien public.

Les dames elles-mêmes ont voulu embellir de leur présence cette réunion. Elles ont pensé que la beauté et les graces ne pouvoient se séparer des talens et par cet heureux rapprochement, le chef-d'œuvre de la nature se trouve aujourd'hui près des chefs-d'œuvres de l'art : Quel motif plus noble de rivalité pour nos fabricans et nos artistes ! quel succès plus flatteur !

Tout concourt, Messieurs, à rendre intéressante cette cérémonie et à lui prêter des charmes ! Cette musique qui nous flatte par des sons harmonieux et fait passer dans notre ame de douces sensations, le retour de la plus belle saison de l'année, devenu plus agréable encore par le retour de la paix continentale, mettent le comble à nos vœux.

Eh ! quelle époque plus favorable, quelle cir-

constance plus heureuse pouvons-nous choisir pour
rendre hommage aux talens, que celle où nos ar-
mées viennent de remporter tant de victoires?
Lorsqu'une fête triomphale, destinée à célébrer
la gloire des guerriers français, se prépare dans la
capitale de l'empire, célébrons aussi les hommes
qui parcourent une carrière paisible, mais non
moins honorable. Tandis que les uns reculaient les
bornes de notre territoire, les autres y apportaient
l'abondance; ceux-là ont défendu l'état, ceux-ci
l'ont enrichi, tous ont contribué également à la
prospérité commune: en offrant aux premiers les
lauriers de la gloire, présentons aux seconds les
palmes de l'industrie.

(*) Le métier à bas est une des machines les plus compliquées.
Il règne dans toutes ses parties une telle union, qu'en retrancher
une seule, ou altérer la forme de celles qu'on juge les moins im-
portantes, c'est nuire au résultat du mécanisme. On est quelque-
fois étonné de la souplesse et de la dextérité de certaines personnes qui tricottent des bas, quoiqu'elles ne fassent qu'une maille
à la fois; mais l'étonnement est bien plus grand et se change en
admiration, lorsqu'on voit le métier à bas former des centaines
de mailles en même temps, et avec une telle rapidité que l'œil
peut à peine en suivre les mouvemens. Beaucoup de petits res-
sorts tirent le fil à eux, puis le laissent aller pour le rendre et le
faire passer d'une maille dans une autre. L'ouvrier qui travaille à
ce métier, souvent n'y comprend rien, et n'a besoin d'y rien com-
prendre: il peut agir sans le secours de la réflexion.

Savari, auteur estimé du dictionnaire universel de commerce, dit que les anglais se vantent envain d'être les inventeurs du métier à bas, et que c'est inutilement qu'ils en veulent ravir la gloire à la France. Savari qui vivait à la fin du dix-septième siècle et au commencement du dix-huitième, ajoute : que tout le monde savait alors qu'un français ayant inventé ce métier, et rencontrant des difficultés pour un privilége exclusif qu'il demandait, passa en angleterre. Les anglais furent si jaloux de cette découverte, et y attachèrent un si grand prix, qu'ils défendirent long-temps sous peine de la vie, de la communiquer et d'en donner des modèles aux étrangers. Mais un français les avoit enrichis de ce présent, un français le restitua à sa patrie. Il fit faire à Paris, au retour d'un voyage à Londres, un métier d'après lequel on a construit ceux que nous voyons actuellement en france. M. François, apothicaire à l'hôtel-dieu de Paris, qui existait aussi au commencement du dix-huitième siècle, avait connu l'inventeur du métier à bas: C'était un compagnon serrurier *de la basse normandie*, qui remit à M. Colbert une paire de bas de soie pour présenter à Louis XIV. Les marchands bonnetiers, allarmés de cette découverte, gagnèrent un valet de chambre qui coupa plusieurs mailles. Lorsque le roi vint à chausser ces bas, la destruction de chaque maille fit autant de trous, et l'invention ne fut point accueillie.

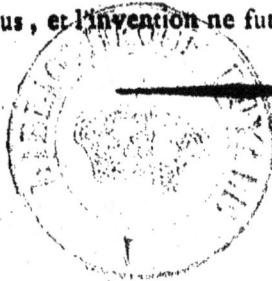